Mit Yin Yoga zu starker Gesundheit

Finden Sie Ihren inneren Frieden und verabschieden Sie sich von alltäglichen Beschwerden und Stress

inkl. den besten Übungen zum Entspannen und Loslassen

Flora Sonnenberg

☯ INHALT

Das erwartet Sie in diesem Buch

Das vorliegende Buch widmet sich ganz dem Thema „Yin Yoga". Es richtet sich insbesondere an Yoga-Anfänger, die sich für diesen passiven Stil interessieren und vorhaben, sich darin auszuprobieren. Zunächst wollen wir uns mit dem Ursprung dieser besonders intensiven, beruhigenden Yoga-Art beschäftigen. Sicherlich ist Ihnen der Wortursprung Yin und Yang ein Begriff, wobei Yin das Sanfte, Passive verkörpert. Weiter wollen wir uns mit der Geschichte des Yin Yogas befassen. Paul Grilley gilt als der Begründer des Yoga-Stils und

Sarah Powers entwickelte sein Konzept weiter. Aufgrund des langsamen Tempos ist Yin Yoga für jeden geeignet und kann sogar von Älteren praktiziert werden. Die Einheiten können im Studio mithilfe von qualifizierten Yin Yoga-Lehrern geübt werden, lassen sich aber auch ganz einfach von zuhause aus, zum Beispiel mithilfe von Video-Tutorials, durchführen.

Die einzelnen Körperfiguren, die auch als Asanas bezeichnet werden, werden beim Yin Yoga in der Regel mindestens drei Minuten lang gehalten. Wie Sie Yin Yoga möglichst gelenkschonend praktizieren und was Sie tun können, wenn Erschöpfung eintritt, erfahren Sie ebenfalls in diesem Text. Yin Yoga hat viele positive gesundheitliche Auswirkungen, mit denen wir uns auch beschäftigen wollen. So ist der Stil unter anderem dafür bekannt, besonders stresslindernd zu sein, was dem Herz-Kreislauf-System positiv zusetzt. Außerdem werden Sie lernen, wie Sie Ihre persönliche Routine entwickeln können, sodass es Ihnen leichtfallen wird, täglich am Ball zu bleiben. Dazu gehört unter anderem, dass Sie sich feste Zeiten setzen und wissen, wie Sie sich die richtige Atmosphäre zum Üben schaffen. Damit verbunden möchte ich Ihnen vorstellen, was Sie neben der richtigen Yoga-Matte an Zubehör benötigen und wie Sie sich Ihren Übungsraum gestalten können. Sie werden lernen, was Sie für Dekorationen verwenden können und was es mit einem Altar auf sich hat und wie Sie sich Ihren eigenen Altar persönlich anrichten. Danach möchte ich Ihnen zehn Übungen vorstellen, die Sie beim Yin Yoga trainieren können. Beim regelmäßigen Üben werden Sie schnell Fortschritte in Ihrer Flexibilität bemerken. Zum Abschluss werde ich Sie noch einmal mit auf eine schöne Gedankenreise nehmen.

Was ist Yin Yoga?

BEDEUTUNG UND VORKOMMEN

Yin Yoga wird langsam ausgeführt. Dazu werden die verschiedenen Körperstellungen, die im Yoga auch als Asanas bezeichnet werden, für mehrere Minuten gehalten. In der Regel sind das, je nach gewünschter Stärke, drei bis sieben Minuten. Die intensiven Übungen dehnen das Bindegewebe und beruhigen den Geist. Außerdem sorgt das lange Verweilen in den Asanas dafür, dass Sie noch mehr bei sich selbst ankommen und loslassen können, wie bei einer Meditation. Die Übungen werden im Sitzen oder Stehen mit einem runden Rücken ausgeführt. Der Begriff Yin Yoga wird vom chinesischen Konzept des „Yin und Yang" abgeleitet, dessen Symbolik jedem bekannt sein dürfte. Es steht für entgegengesetzte Kräfte, die sich gegenseitig bedingen. Das Yin steht für das Weibliche, Weiche und Passive, während Yang den männlichen, harten und aktiven Gegenpart verkörpert. Beim Yin Yoga handelt es sich also um ein Zusammenspiel weiblicher Kräfte, die für Ruhe sorgen und im Zusammenhang mit Knochen und Gelenken stehen. Kennzeichnend für Yin Yoga sind auch die Mantras, also Sprechgesänge. In vielen Yin Yoga-Stunden werden auch gerne buddhistische Weisheiten verlesen, die zu einer noch tieferen, inneren Klarheit führen sollen. Oftmals können aber auch Emotionen wie Trauer, Freude oder Wut während der Asanas auftreten, da man bei den Übungen in sein Innerstes kehrt und tief vergrabene Gefühle an die Oberfläche kommen können. In der Regel ist es aber so, dass Sie sich nach einer Einheit sehr entspannt fühlen und mit einem ruhigen und klaren Gefühl durch den Tag gehen.

Doch woher kommt Yin Yoga eigentlich? Seinen Ursprung fand Yin Yoga in den späten 70er Jahren mit Wurzeln in der altertümlichen Yogapraxis. Paul Grilley gilt als sein Begründer. Im Jahre 1978 schaute er sich einen TV-Bericht an, in dem es um den Kampfsportler Paulie Zink ging. Der

Kampfsportler erweckte auf Grilley mit seiner Flexibilität und Beweglichkeit einen besonderen Eindruck. Zink gab in der Reportage an, dass er dies seinem Kung-Fu-Meister Cho Chat Ling zu verdanken habe, der ihm das sogenannte „Daoist Yoga" gelehrt hatte. Grilleys Interesse und Neugierde wurde geweckt und er begann, Yogastunden bei Zink zu nehmen.

Besonders das lange Halten der einzelnen Asanas beeindruckte ihn. Grilley entschied sich, den Stil weiterzuentwickeln und selbst Kurse zu geben. Er nannte seinen Stil „Taoist Yoga", als eine kleine Abwandlung zum „Daoist Yoga". Grilley erweiterte sein Wissen bei zwei Doktoren, mit deren Hilfe er Studien zur Anatomie des menschlichen Körpers durchführen konnte. Dr. Hirishi Motoyama war besonders bekannt als Wissenschaftler, Autor, spiritueller Lehrer und Parapsychologe und Dr. Gary Parker brachte Grilley viel über die Anatomie des menschlichen Körpers bei. Zusätzlich begann Grilley noch ein Studium der Kinesiologie. Durch seine Studien gelang ihm der Durchbruch. So fand er beispielsweise heraus, dass die richtige und sichere Ausführung einer Yoga-Übung nicht nur von den Vorerfahrungen des

Yoga-Schülers abhängt, sondern auch durch den Bewegungsspielraum des Körpers bedingt ist. Diese ist durch die Skelettstruktur vorgegeben. Das heißt im Klartext, dass eine Asana, die von zwei verschieden Personen durchgeführt wird, aufgrund der unterschiedlichen Bewegungsspielräume immer verschieden aussehen kann. Für Sie als Yoga-Praktizierender stellt sich also umgehend die Frage, ob Sie bei bestimmten Übungen nicht tiefer in die Haltung hineinkommen, weil Ihre Faszien verklebt sind oder ob es daran liegt, dass es der Skelettbau unmöglich macht. Wenn nämlich der Skelettbau der Verursacher für das Scheitern ist, hilft selbst die tiefste Spannung oder die intensivste Übung nicht dabei, diese Übung entsprechend auszuführen.

Doch kommen wir zurück zu Grilley, der im selben Studio wie Sarah Powers Yoga-Unterricht gab. Sie zählte zu seinen engsten Anhängern und ergänzte seine Praxis durch Lehren der buddhistischen Philosophie. Sie gab dem Yin Yoga auch seinen Namen und zielte in ihrer Praxis auf den Fluss des Chis, der Lebensenergie, sowie auf die Stärkung der Organsysteme ab. Dieses Verfahren wird übrigens auch in der Traditionellen Chinesischen Medizin angewendet. Trotzdem war es Paul Grilley, der Yin Yoga weltweit bekannt machte und Lehrerausbildungen durchführte. Gemeinsam mit seiner Frau Suzee führt er noch bis heute Kurse durch, sowohl online als auch von Angesicht zu Angesicht. Wer sich weiter informieren möchte, kann gerne seine Internetseite „paulgrilley.com" besuchen.

Mittlerweile gewinnt der neue Yoga-Stil immer mehr an Beliebtheit. Auch ältere Menschen praktizieren die intensiven Asanas sehr gerne, da die Übungen in einem langsamen Tempo durchgeführt werden. Oft wird Yin Yoga auch Patienten zur Rehabilitation nach einem Unfall oder einer Krankheit empfohlen. Außerdem herrscht beim Yin Yoga kein Leistungsdruck, weswegen es sich besonders gut für Anfänger eignet. Aufpassen sollten allerdings jene Menschen, die von körperlichen Beschwerden wie einem Bandscheibenvorfall oder einem Meniskusriss betroffen sind oder waren. Falls Sie betroffen sind oder waren, empfiehlt es sich, einen Arzt aufzusuchen, wenn Sie sich für Yin Yoga interessieren. Dieser kann Ihnen sagen, welche Körperhaltungen für Sie bedenkenlos sind und bei welchen Sie lieber vorsichtig sein sollten. Falls Ihr Interesse geweckt

wurde, können Sie sich nach einem Studio in Ihrer Nähe erkundigen. Die Lehrer verfügen über eine qualifizierte Ausbildung und können Ihnen bei Unsicherheiten zur Seite stehen.

Es ist aber auch möglich, Yin Yoga zuhause zu praktizieren. Besonders gut eignen sich dazu diverse Tutorials auf YouTube. Dabei ist es allerdings wichtig, dass Sie gut auf Ihren Körper hören und sich nicht zu sehr überanstrengen. Falls sich doch mal die Atmung beschleunigt, empfiehlt es sich, eine ruhige Position, wie zum Beispiel die Stellung des Kindes, einzunehmen und dort für einige Atemzüge zu verweilen.

Dazu brauchen Sie am besten zunächst eine Matte, damit Sie sich sanft darauf ablegen können. Als Nächstes gehen Sie in den Kniestand, das heißt, Sie stützen den Körper auf den Knien ab. Achten Sie darauf, dass Ihre Knie und Ihre Füße zusammen sind. Nun können Sie sich langsam nach vorne beugen und den Kopf vorsichtig auf der Matte ablegen. Jetzt können Sie die Arme locker an den Seiten nach hinten hängen lassen. Der Atem läuft während der Übung tief und gleichmäßig. Die Übung soll für mindestens 30 Sekunden gehalten werden. Wenn es

Ihnen angenehm ist, kann die Asana aber auch gerne länger gehalten werden. Diese Stellung bringt Sie wieder dazu, in einen gleichmäßigen Atemfluss zu kommen, um sich anschließend wieder ganz den Figuren des Yin Yogas zu widmen. Übrigens findet durch die Stellung eine intensive Dehnung des unteren Rückens statt und auch die inneren Organe werden massiert. Außerdem kann sie auch helfen, wenn Sie während der Yin Yoga Übungen eine Blockade im IGS-Gelenk, also der Verbindung zwischen Becken und Wirbelsäule, spüren.

Oftmals werden während der Yin Übungen buddhistische Weisheiten vorgetragen oder Lieder gesungen. Das Singen von Liedern oder Sprechen melodischer Texte zu meditativen Zwecken wird auch als „chanten" bezeichnet. Kennzeichnend für das Chanten ist, dass kein Leistungsdruck herrscht und der Gesang nicht bewertet wird. Oftmals treten gerade beim Singen in der Gruppe diesbezüglich Hemmungen auf. Die Wörter werden beim Chanten häufig wiederholt und oftmals werden auch nur einzelne Laute gesungen. Das Wiederholen und Konzentrieren auf die Laute wirken sich positiv auf Körper, Seele und Geist aus. Es minimiert Stress, stärkt das Selbstbewusstsein und öffnet Ihr Herz. Sogar die Selbstheilungskräfte können beim Heilmantra angeregt werden. In vielen Yoga-Stunden wird zum Herstellen innerer Ruhe und Harmonie als Ein- und Ausklang das „Om" gesungen.

Beim Om handelt es sich um das wichtigste und bekannteste Mantra, das seit Tausenden von Jahren für Hinduisten und Buddhisten das Göttliche repräsentiert. Die drei Buchstaben AUM sind Bestandteile der heiligen Silbe und stehen für die Dreieinigkeit von universellen Prinzipien, zu denen die Gegenwart und Zukunft gehören. Die Silbe repräsentiert ebenfalls die drei hinduistischen Göttinnen Brahma, Vishnu und Shiva. Mit dem Klang des Lautes Om wird der Urklang des Universums beschrieben.

Sein Aussprechen bewirkt im Körper eine harmonische Schwingung, die von Bauch bis Kopf im Körper spürbar ist. Insbesondere das Lauschen von spirituellen Geschichten bietet ebenfalls eine schöne Möglichkeit, Ihre Übungen auf geistiger Ebene noch mehr zu vertiefen. Damit Sie sich weiter auf unser heutiges Thema einstimmen können, möchte ich Ihnen zunächst eine solche Geschichte erzählen. Sie trägt den Titel „Die Fröschin".

„Es war einmal eine Fröschin, die mit vielen anderen Fröschen in einem kleinen Brunnen wohnte. Einmal zur Mittagszeit schien kurz die Sonne in den Brunnen. Ansonsten war es in dem Leben der Frösche eher dunkel und traurig. Die eine Fröschin wollte schon immer im Licht leben. Sie wollte die Liebe und das Glück in sich spüren.

Eines Tages zur Mittagszeit sprang die Fröschin aus dem Brunnen und folgte der Sonne. Sie folgte dem Licht in ihrem Herzen. Nach einiger Zeit kam sie zu einem großen Meer. Sie sprang hinein und war verwandelt. Die Fröschin hatte ihr spirituelles Selbst verwirklicht. Sie war in das große Nichts der Egolosigkeit eingetaucht. Sie hatte alle Anhaftungen an äußere Genüsse und alle innere Ablehnung von Leid losgelassen. Sie hatte ihre Suche nach dem Märchenprinzenfrosch aufgegeben und war den Weg der Selbstrettung gegangen. Sie war durch das Gefühl der Einsamkeit und der Langeweile hindurchgegangen. Durch ihre täglichen spirituellen Übungen hatte sich ihre geistige Verspannungsstruktur aufgelöst, und das Licht in ihr selbst war erwacht. Aus ihren Chakren sprudelten wieder Lebenskraft und Energie. Die Fröschin hatte die Sonne in sich selbst gefunden. Sie lebte jetzt dauerhaft im Glück. Es war egal, ob es draußen regnete oder nicht. Die Fröschin war so glücklich über ihren neuen Zustand des Friedens, des Einheitsbewusstseins und des Glücks, dass sie allen anderen Fröschen davon erzählte. Die meisten Frösche glaubten ihr nicht. Sie glaubten eher an das große Glück im kleinen Froschteich. Sie glaubten, dass sie glücklicher wären, wenn sie noch mehr Fliegen fangen würden. Aber einige Frösche vertrauten ihr und machten sich auch auf den Weg ins Licht".

UNTERSCHIEDE ZU ANDEREN YOGA-PRAKTIKEN

Beim Yin Yoga handelt es sich um eine besondere Form des Yogas, die sich von anderen Formen vor allem in einem Aspekt unterscheidet: Das lange Verweilen in den einzelnen Asanas. Wie bereits erwähnt wurde, soll eine Figur für jeweils drei bis sieben Minuten gehalten werden. Wenn es Ihnen angenehm ist, können Sie aber auch bis zu 15 Minuten oder sogar noch länger in Ihrer Position verweilen. Ein weiterer wesentlicher Unterschied zu den Yang-lastigen Yoga-Stilen besteht darin, dass der Fokus nicht auf den Muskeln liegt, sondern viel mehr auf den tieferliegenden Schichten des Bindegewebes und der Faszien.

Die Übungen werden somit nicht aktiv, sondern passiv durchgeführt. Im dynamischen Yang Yoga oder Hatha Yoga ist es häufig gar nicht möglich, die tiefen körperlichen Strukturen zu erreichen. Dazu ist es beim Yin Yoga auch wichtig, dass die Muskeln lockergelassen werden. Dies ist auch ein wesentlicher Unterschied zu den anderen Yoga-Stilen, wo die Muskeln häufig stark angespannt werden. Im ersten Abschnitt wurde ebenfalls erwähnt, dass der Rücken beim Yin Yoga rund gelassen wird. Bei anderen Stilen bleibt dieser angespannt. Das Rundhalten sorgt dafür, dass die Rückenmuskulatur schön intensiv gedehnt wird. Dies ist auch der Grund, dass Yin Yoga oft bei Patienten mit Rückenschmerzen empfohlen wird. Ein weiterer wesentlicher Unterschied besteht im Leistungsdruck.

Während sich beim Yin Yoga durch das Aushalten in den Positionen und dem Fokus auf dem Hier und Jetzt auf das Loslassen konzentriert wird und der Geist zur Ruhe kommt, herrscht bei den Yang-lastigen Stilen eine Art Leistungsdruck. Denn hier geht es darum, dass Sie Ihre Grenzen und Ihre Fitness sowie Ihre Körperkraft erweitern. Dies ist besonders beim Power-Yoga der Fall. Viele Schüler des Yin Yogas verwirrt es auch, dass es für einige Übungen, die bereits durch das Praktizieren anderer Stile bekannt sind, andere Namen vorhanden sind. So heißt zum Beispiel die Figur „Sprinter" im Yin Yoga „Drache". Das hat den Grund, dass ein Schüler bei der Ansage des Sprinters die Figur unterbewusst mit dem bisher Gelerntem verknüpfen würde, sodass er während der Asana dazu verleitet wird, die Figur auf die bereits bekannte Art und Weise zu praktizieren.

Durch die Namensänderung ist der Blick für die Übung neu geprägt. Falls Sie übrigens wissen möchten, warum diese Übung Drache heißt, sollten Sie diese unbedingt einmal praktizieren. Doch kommen wir noch zu einem letzten wesentlichen Unterschied zwischen dem Yin Yoga und dem Yang Yoga. Und zwar wird sich nicht aufgewärmt. Sie fragen sich, was es damit auf sich hat? Beim Yin Yoga geht es, wie Sie bereits erfahren haben, unter anderem darum, das Bindegewebe und die Faszien zu dehnen. Wenn man sich vorher nicht aufwärmt, wird das Fasziengewebe bei den Asanas direkt erreicht.

Häufig wird Yin Yoga auch mit Faszien Yoga in Verbindung gebracht und oftmals wird auch behauptet, dass es sich hierbei um ein und dieselbe Praxis handelt. Das liegt daran, dass, wie Sie es jetzt schon so oft gehört haben, die Faszien beansprucht werden. Doch bei der genaueren Betrachtung der beiden Stile fällt ein wesentlicher Unterschied auf, und zwar die Verwendung einer Faszien-Rolle. Diese kommt beim Yin Yoga nicht zum Einsatz. Beim Faszien Yoga dient sie dazu, das Bindegewebe zu lockern. Außerdem werden die Übungen beim Faszien Yoga dynamischer ausgeführt, während sie beim Yin

Yoga länger gehalten werden, um so die Schichten des Bindegewebes zu lockern. Allerdings gibt es auch entscheidende Gemeinsamkeiten. Sowohl das Spüren und Dehnen als auch das Entspannen gehören zu den Hauptmerkmalen beider Yoga-Stile. Lediglich das Wippen ist nur typisch für Faszien Yoga.

Da Yin Yoga und Yang Yoga gut miteinander harmonisieren würden, wird beim Yin Yang Yoga eine Mischung aus den beiden Stilen angeboten. Dabei wechseln sich sanfte und dynamische Sequenzen stetig ab. Ziel der Ausführungen ist es, wieder mehr auf sein Herz und seinen Körper zu horchen. Bei der Durchführung kann Ihnen bewusst werden, dass Licht und Dunkelheit zusammengehören genauso wie Kälte und Kraft und Härte und Weichheit. Eine Yin Yang-Stunde ist in zwei Teile aufgebaut. Im ersten Teil der Stunde werden dynamische, erhitzende Übungen durchgeführt und im zweiten Teil die kühlenden, beruhigen Asanas des Yang Yogas. Dadurch wird für eine klare Trennung beider Stile gesorgt und den Praktizierenden wird wieder bewusster, dass nach einer Anstrengung wieder eine lockere, angenehmere Phase eintreten kann.

AUSWIRKUNGEN AUF DIE GESUNDHEIT

Wie bereits erwähnt wurde, hat das Praktizieren eine positive, beruhigende Wirkung auf Körper und Geist. Dies kann dazu führen, dass psychischer Stress minimiert wird, was sich wiederum positiv auf psychische Erkrankungen wie beispielsweise Depressionen auswirken kann. Auch Herz-Kreislauf-Erkrankungen können durch das regelmäßige Trainieren von Yin Yoga vorgebeugt werden. Dies zeigt auch eine Studie aus dem englischsprachigen Raum aus dem Jahr 2018. Fünf Wochen lang sollten 105 volljährige Menschen an dem Programm teilnehmen und wurden dazu in drei Gruppen aufgeteilt. Die erste Gruppe sollte über den ganzen Zeitraum Yin Yoga praktizieren. Die zweite Gruppe sollte ebenfalls Yin Yoga praktizieren und zusätzlich noch Achtsamkeitsübungen integrieren, während die letzte Gruppe, die Kontrollgruppe, nichts von beiden tun sollte. Wie Sie sich sicherlich schon denken können, traten bei den ersten zwei Gruppen deutlich weniger Angstzustände und Schlafstörungen nach den fünf Wochen auf. Außerdem konnte untersucht werden, dass bei der zweiten Gruppe deutlich weniger

Depressionszustände auftraten und Stress besser bewältigt werden konnte.

Doch das ist nicht das Einzige, worin sich Yin Yoga positiv auf die Gesundheit auswirkt. Durch die intensiven Dehnungen lösen sich Verspannungen in der Rückenmuskulatur. Dies führt wiederum dazu, dass Rückenschmerzen seltener auftreten. Auch in anderen Bereichen des Körpers kann Yin Yoga Blockaden auflösen. Als Nächstes führt Yin Yoga dazu, dass die Funktion der Organe verbessert wird. Durch das lange Halten der Übungen fließt unsere Lebensenergie, das Chi, besser durch unsere Meridiane und sorgt dadurch dafür, dass sie unsere Organe erreicht. Yin Yoga kann, wie alle anderen Formen des Yogas auch, Ihr Immunsystem verbessern. Und zwar dadurch, dass die Figuren die Immunfunktionen des gesamten Körpers anregen. Außerdem wird beim Yoga Stress abgebaut, was bekanntermaßen der Haupt-Verursacher für ein schwaches Immunsystem ist. Zusätzlich sorgen bestimmte Positionen dafür, dass der Körper besser entgiften kann (für mehr Informationen empfiehlt es sich, sich über Detox-Yoga zu informieren). Ja, Sie haben es richtig verstanden, die intensiven Asanas sind auch gut für unser Verdauungssystem.

Insbesondere bei Verstopfungen kann es hilfreich sein, eine kleine Einheit Yoga einzulegen, um so Bauchschmerzen zu lindern und Magen-Darm-Erkrankungen zu lindern. Bereits ein paar Minuten am Tag können Ihnen bei unregelmäßigem Stuhlgang helfen und Ihrem Blähbauch an den Kragen gehen. Dies liegt daran, dass der Körper beim Yoga mit Energie und unser System mit mehr Blut und Sauerstoff versorgt wird. Zusätzlich wird bei den meisten der Übungen das Becken miteingeschlossen. Die beschleunigte Verdauung kann Ihnen helfen, Gewicht zu verlieren. Dafür sorgt aber auch die Stressreduktion beim Yin Yoga. Bekannterweise ist Kortisol verantwortlich dafür, dass Sie bei der Gewichtsreduktion gehemmt werden. Das Kortisol wird bei Stress ausgeschüttet. Da Yin Yoga Stress mindert, wird auch weniger Kortisol ausgeschüttet.

Yin Yoga kann sich durch ihre Dehnungen positiv auf die Beweglichkeit und die Regenerationsfähigkeit der Gelenke auswirken. Häufig entstehen Blockaden durch verklebte Faszien, die bei den intensiven Übungen gelockert werden. Außerdem wird den Übungen nachgesagt, dass sie einen ähnlichen Effekt wie eine Akupunktur haben. Durch die Reinigung unserer Energieleitbahnen, der Meridiane, werden die Blockaden wie bei einer Akupunktur-Behandlung gelöst und es kann sich ein hohes Maß an Wohlbefinden einstellen. Hört sich für Sie an wie Wellness? Das ist es auch! Nach einer Yin Yoga Sequenz werden Sie sich mit Sicherheit tiefenentspannt, aber auch sehr energiegeladen fühlen.

Yin Yoga in den Alltag integrieren

ROUTINE SCHAFFEN

Anfangs wird es Ihnen sicherlich noch schwerfallen, regelmäßig Yin Yoga zu praktizieren. Aller Anfang ist schließlich immer schwer. Ausreden wie: „Heute habe ich keine Zeit" oder „Ich habe Wichtigeres zu tun" schleichen sich gerne mal in die Gedanken. Dabei tun Sie Ihrem Körper etwas unheimlich Gutes, wenn Sie die ruhigen Asanas regelmäßig praktizieren. Die Vorteile wie Stressfreiheit, Beweglichkeit und die Stärkung Ihres Immunsystems wurden schon im vorherigen Abschnitt erläutert. Und je öfter Sie die Übungen praktizieren, desto normaler und einfacher wird es für

Sie, Yin Yoga jeden Tag in Ihren Ablauf zu integrieren. Dies kennen Sie sicherlich auch schon von anderen Aufgaben, die Sie täglich zu erledigen haben. Als ganz einfaches Beispiel – das Zähneputzen. Ich bin überzeugt, dass Sie noch mindestens fünf weitere Beispiele dafür finden. Zunächst ist es für Sie also wichtig, Yoga zur Routine werden zu lassen. In diesem Abschnitt möchte ich Ihnen einige Tipps dafür nennen, wie Sie es schaffen, eine neue Routine zu entwickeln.

1. Vorteile bewusst machen

Indem Sie sich die Vorteile in den Kopf rufen, haben Sie immer eine Motivation anzufangen. Die gesundheitlichen, positiven Auswirkungen wurden bereits im vorangegangenen Kapitel aufgezählt. Diese können Sie immer wieder abrufen, wenn es mal schwieriger für Sie ist, anzufangen. Nach einer Yin Yoga Einheit werden Sie sich freuen und dankbar dafür sein, Ihrem Körper und Ihrem Geist etwas unglaublich Gutes getan zu haben. Andererseits ist es aber auch wichtig, dass Sie sich nicht fertig dafür machen, wenn Sie es einmal nicht geschafft haben, zu praktizieren. Die negativen Gefühle können sich festsetzen und in Zukunft immer wieder in Verknüpfung mit der Praxis auftreten und wie eine Art Hemmschwelle wirken. Am besten ist es, Sie tun es als einen Ausrutscher ab und packen die Sache am nächsten Tag wieder voller Elan an. Dranbleiben lautet hier das Motto! Als Extra-Tipp kann man sich auch die Instagram-Seiten beliebter Yoga-Stars anschauen, um sich einen Extra-Kick an Motivation einzuholen. Als Beispiel dient Jessica Olie (jessicaolie), die durch ihre authentische Art zu den beliebtesten Yogis auf Instagram gehört.

In Videos zeigt sie, wie sie von überall aus trainiert und unterlegt dieses zusätzlich noch mit schöner Musik. Mit ihrem Profil und ihrem Hasthtag #letsstartyoga möchte sie andere User dazu ermutigen, ihre eigene Yoga-Reise zu beginnen und ihr inneres Selbst zu finden. Weitere Inspirationen finden Sie auf den Profilen ihrer besten Freundin Morgan Tyler (the_southern_yogi), Sarah Ticha (sarahticha) und Mady Morrison (madyorrison). Ein Schmuckstück unter den Profilen bietet auch die Seite von Caroline Groth (carolinehgroth). Die junge Dänin lebt mittlerweile in Sydney und erzählt ihren Fans die Geschichte, wie ihr Yoga und Meditation nach ihrer Krebs-Diagnose geholfen haben. Speziell mit Yin

Yoga beschäftigt sich zum Beispiel das Profil der Autorin Magdalena Mecweld (yinyogamagdalena). Auf ihren sehr persönlichen Bildern zeigt sie uns, wie ihre regelmäßige Routine aussieht und hat dazu noch schöne Fotografien von der Natur sowie von ihren Reisen und Bekanntschaften. Unter anderem gibt sie auch einen Einblick in ihre Kurse.

2. Feste Zeiten setzen

Am besten ist es, sich feste Zeiten für Ihre Routinen zu legen. Am besten eignet sich für Yin Yoga der Morgen, da die Gelenke zu dieser Zeit noch nicht so aufgewärmt sind und so das Bindegewebe und die darunterliegenden Faszien besser erreicht werden können. Dies können Sie auch noch einmal genauer im ersten Kapitel anschauen. Wenn jedoch die Zeit fehlt, morgens zu trainieren, können Sie selbstverständlich auch eine andere Tageszeit wählen. Schließlich kann es ja auch immer mal sein, dass Sie aufgrund Ihres Jobs sehr früh aufstehen müssen. Nicht jeder ist dann bereit, eine Stunde oder auch nur eine halbe Stunde früher aufzustehen, um morgens mehr Zeit für Yoga zu haben. Prinzipiell empfiehlt sich auch gerade eine Einheit Yin Yoga für den Abend, da die Figuren Ihren Geist und Ihren Körper zur Ruhe kommen lassen und Ihnen aus Gedankenkarussellen hinaushelfen. Um Ihren Wochenplan zu erstellen, können Sie sich eine Tabelle erstellen, in die Sie die Tage und Uhrzeiten für Ihre Einheiten eintragen. Diese hängen Sie sich am besten gut sichtbar in Ihre Wohnung. Am besten eignet sich dafür eine Tür in dem Raum, in dem Sie planen, Ihre Routine durchzuführen oder an einem Ort, an dem Sie sehr oft vorbeilaufen (wie beispielsweise Ihre Kühlschranktür). Hinsichtlich der Planung sollten Sie noch beachten, dass Sie sich am besten leicht realisierbare Ziele setzen.

Das heißt, dass Sie sich einen Zeitraum wählen, an dem Sie leicht entspannen können und für sich sind. Für Elternteile kann dies zum Beispiel heißen, dass man sich eine Zeit aussucht, zu der die Kinder nicht im Haus sind. Außerdem ist es wichtig, sich nicht zu überschätzen. Als Anfänger sollten Sie sich beispielsweise nicht direkt vornehmen, mehr als eine halbe Stunde zu trainieren. Denn wenn bemerkt wird, dass das nicht direkt umsetzbar ist, kann dies schnell demotivierend wirken. Am besten ist es, sich täglich 20 Minuten zu nehmen. Das ist auch effektiver, als zum Beispiel zweimal wöchentlich für jeweils 1,5 Stunden oder länger zu trainieren. Die täglichen Wiederholungen sorgen dafür, dass sich die Praxis, wie zum Beispiel Zähneputzen, zur Selbstverständlichkeit entwickelt. Und wenn Sie ehrlich sind, hat man doch immer zumindest 20 Minuten am Tag über, um sich selbst etwas so Gutes zu tun. Oft ist man auch so vertieft, dass die Zeit wie im Flug vergeht und man hat so viel Spaß, dass aus 20 Minuten auch schnell zwei Stunden werden können.

3. Geräusche

Musik oder Naturgeräusche können Ihnen beim Abschalten helfen. Für Yin Yoga empfiehlt es sich, auf sanfte Töne zu setzen oder sogar ein Mantra zu hören (vielleicht auch sogar mitzusprechen, wenn Sie sich trauen?). Es empfiehlt sich auch, eine passende Playlist zu erstellen, die Sie motiviert und die notwendige Atmosphäre schafft. Eine individuell erstellte Playlist empfiehlt sich, wenn Sie auf Ihre eigenen Stimmungen und Bedürfnisse angepasst sein wollen. Auf Spotify finden Sie aber auch viele vorgefertigte Playlists, wie zum Beispiel „YIN YOGA: Calm & Relax". Es ist ebenfalls empfehlenswert, sich zur Vertiefung eine buddhistische Geschichte anzuhören, wie aus dem ersten Kapitel. Selbstverständlich können Sie bei den Übungen auch in völliger Stille bleiben. Wichtig ist, dass Sie Ihren eigenen, individuellen Weg der Ruhe finden.

4. Community

Oftmals hilft es, sich mit anderen zu vernetzen und auszutauschen, um am Ball zu bleiben. Hierzu können Ihnen die Vorschläge auf Instagram aus Punkt 1 helfen, um mit anderen Yogis in Kontakt zu treten und sich wertvolle Ratschläge einzuholen. Es hilft auch, sich mit Freunden aus dem nahen Umfeld zu unterhalten, die ebenfalls begeisterte Yoga-Anhänger sind. Vielleicht sind sie auch bereit, mit Ihnen einen Yoga-Kurs zu besuchen? Dadurch fällt es Ihnen schwerer, Sessions abzusagen und Sie haben zusätzlich noch einen Lehrer an Ihrer Seite, der einen korrigieren kann. Oftmals kann die Energie in einem Kurs auch sehr mitreißend sein und Sie wieder aufbauen.

5. Dokumentation

Die Dokumentation Ihres Weges ist wichtig, damit Sie Ihre individuellen Fortschritte besser erkennen. Von Anfang an empfiehlt es sich daher, Fotos zu machen, die Sie in verschiedenen Asanas zeigen. Diese werden Ihnen helfen, auch an schwierigen Tagen zu erkennen, dass sich Ihre Flexibilität im Vergleich zum Anfang gesteigert hat und Sie nicht so hart zu sich selbst sein müssen. Diese Methode ist allerdings nicht zu ernst zu nehmen, da es insbesondere beim Yin Yoga mehr um das Loslassen und zur-Ruhe-kommen geht als darum, sich irgendeinem Leistungsdruck auszusetzen. Neben den Fotos kann es auch empfehlenswert sein, seine Gedanken in einem Tagebuch festzuhalten. Insbesondere die Gefühlswelt könnte hier von Interesse sein. Schreiben Sie nach der Praxis alle Emotionen und Gedanken auf, die in Ihnen hochkommen. Dies kann Ihnen in Zukunft dabei helfen, für mehr Klarheit über Ihr Gefühlschaos zu sorgen.

6. Achtsamkeit auch in alltäglichen Situationen üben

Wäre es nicht wunderschön, sich dieses entspannte, wohltuende Gefühl, das Sie nach einer Einheit Yin Yoga verspüren, jederzeit abrufen zu können? Dies können Sie trainieren, indem Sie sich immer wieder in Achtsamkeit üben. Im Yin Yoga konzentrieren wir uns ausschließlich auf unsere Atmung, was dazu führt, dass wir im Hier und Jetzt leben. Dieser

Zustand kann auch durch Meditation erreicht werden. Falls Sie sich unterwegs in einer stressigen Situation befinden, können Sie auch einfach entspannen, indem Sie einige Male tief ein- und ausatmen. Es können auch regelmäßige Zeiten gesetzt werden, zu denen Sie meditieren. Wie Sie sich dazu einen Zeitplan erstellen können, konnten Sie bereits in Punkt 2 erfahren.

7. Selbstliebe

Auch das Praktizieren von Selbstliebe kann Ihnen dabei helfen, (Yin) Yoga in Ihr Leben zu integrieren. Manchmal ist Selbstachtung und -schätzung der größte Motivator, um am Ball zu bleiben. Wenn Sie sich selber lieben, achten Sie automatisch mehr darauf, Ihren Körper so zu akzeptieren, wie er ist und Sie werden zusätzlich immer öfter das Bedürfnis verspüren, ihm etwas Gutes zu tun. Selbstliebe und -akzeptanz ist auch an jenen Tagen wichtig, an denen Sie sich schwach fühlen und sich wegen Krankheit oder wegen der letzten Partynacht nicht dazu aufraffen können, aufzustehen und Yoga zu praktizieren. Doch das ist (mal) völlig okay! Wichtig ist, dass Sie sich an dieser Stelle bewusst machen, dass ab und an jeder solche Tage hat und dass so etwas wie

Perfektion schier unmöglich ist. Lehnen Sie sich also diesen einen Tag entspannt zurück und machen Sie sich keine Vorwürfe. Machen Sie einfach am nächsten Tag weiter (beziehungsweise sobald es Ihnen wieder besser geht) und rufen Sie sich ins Gedächtnis, dass Sie bereits großartig sind, wie Sie es bereits jetzt gerade sind.

8. Die richtige Atmosphäre schaffen

Für Yin Yoga ist es wichtig, dass Sie sich in einer beruhigenden, entspannten Atmosphäre befinden. Das bedeutet, dass Störfaktoren wie laute Musik von außen sowie Straßengeräusche möglichst ausgeschlossen werden sollten. Falls Sie an einer lauten Straße wohnen und trotzdem nicht auf wohltuende, frische Luft während der Asanas verzichten wollen, können Sie das Zimmer bereits einige Minuten vor der Yoga-Einheit gut durchlüften. Falls Sie sich in einem aufgewühlten Zustand befinden, können Sie zu Anfang eine kleine Meditations-Einheit einlegen. Dies ist jedoch in der Regel oft nicht notwendig, da Yin Yoga allein schon dafür sorgt, dass Sie einen ruhigen, klaren Geist bekommen. Entspannung kann auch mit kleinen Helfern, wie zum Beispiel Duftkerzen und Räucherstäbchen, vertieft werden. Wenn Sie dazu mehr erfahren möchten, lesen Sie das nächste Kapitel. Kleiner Tipp am Rande: Sorgen Sie dafür, dass Sie nicht hungrig in Ihre Einheit starten. Dies kann Sie stark ablenken und Sie von Ihrem Weg abbringen. Auch ein Toilettengang kann zum Störfaktor werden, der oft im Voraus vermieden werden kann.

AUSSTATTUNG UND RAUMEINRICHTUNG

Um Yin Yoga richtig praktizieren zu können, benötigen Sie, als wichtigstes Equipment, eine Yoga-Matte. Achten Sie beim Kauf darauf, dass diese rutschfest ist. Spätestens beim „Herabschauenden Hund" wird Ihnen bewusst, wie wichtig eine Matte ist, auf der Sie einen guten Halt haben. In der Regel sind alle neu gekauften Matten rutschfest, da sie mit einer besonderen Schicht überzogen sind. Mit der Zeit können sich allerdings Schweiß und Bakterien auf der Matte sammeln, die ins Material eindringen und dafür sorgen, dass die Matte ihre Rutschfestigkeit verliert und auch die Hygiene kann darunter leiden. Zwangsläufig wird die Matte dann gewaschen, doch auch hier ist Vorsicht geboten, was die Rutschfestigkeit betrifft. Durch das Waschen in der Waschmaschine kann das Material porös werden. Außerdem erweisen sich auch nicht alle Yoga-Matten als waschmaschinentauglich. Das Maschinenverbot bezieht sich insbesondere auf Naturmaterialien, zu denen zum Beispiel Naturkautschuk gehört. Matten aus Kunststoff können, laut Herstellerangaben, zwischen 30 und 60 Grad gewaschen werden. Es empfiehlt sich allerdings, die Matte so schonend wie nur möglich zu waschen, am besten sogar im Kaltwaschgang und ohne Seife (maximal ein Tropfen Waschmittel!). Die Preisspanne einer Yoga-Matte liegt in der Regel zwischen 20 und 200 Euro, wobei nach oben natürlich keine Grenzen gesetzt sind und es auch Matten gibt, deren Preis auch bei unter 20 Euro liegen kann.

Naturmatten aus natürlichen Materialien wie Naturgummi, Kork, Baumwolle und Jute sind selbstverständlich teurer als Kunststoff-Matten. Übrigens gibt es sogar Natur-Matten aus Hanf! Die Heilpflanze gilt als besonders belastbar und langlebig. Leider gibt es die Hanf-Matten bisher nur schwierig bis gar nicht in Deutschland käuflich zu erwerben. Der Vorteil beim Kauf teurer Natur-Matten besteht darin, dass sie verträglicher für die Umwelt und für die eigene Gesundheit sind und nicht so stark nach Plastik riechen. Außerdem sind sie rutschfest und sorgen für eine gute Dämpfung. Und sie halten natürlich länger!

Eine billige Matte hält sich ungefähr, auch wenn Sie nur gelegentlich praktizieren würden, nur ein Jahr, während eine hochwertigere mehrere Jahre hält, manche sogar lebenslänglich! Somit empfiehlt es sich also, ein paar Euros mehr zu investieren und dafür eine Yoga-Matte zu besitzen, die Ihnen ein gutes Gefühl gibt und nicht ständig neu gekauft werden muss. Beim Kauf einer Yoga-Matte gilt es außerdem zu beachten, dass Sie die richtige Größe wählen. In der Regel ist eine Matte zwischen 1,72 Meter und 1,80 Meter lang, 0,61 Meter bis 0,70 Meter breit und ungefähr einen halben Zentimeter dick. Natürlich gibt es auch längere Matten für Menschen, die größer als 1,80 Meter sind. Beim Kauf sollten Sie generell darauf achten, dass Kopf und Füße im ausgestreckten Zustand ihren Platz auf der Matte finden. Als Nächstes könnten Sie noch darauf achten, dass Ihre Matte unter fairen Umständen produziert wurde. Dies können Sie erfahren, indem Sie den Hersteller kontaktieren oder auf das „bluesign"-

Zertifikat achten. Das Siegel gewährleistet Ihnen, dass das Produkt aus einer nachhaltigen und verantwortungsbewussten Produktion stammt. Natürlich möchten Sie auch, dass die Matte schön aussieht und farblich zu Ihrer Raumausstattung passt oder Ihre Persönlichkeit widerspiegelt. Dafür gibt es die verschiedensten Farben und Muster. Doch auch hier ist Vorsicht geboten! Oftmals werden nämlich giftige Lösungsmittel wie AZO-Farbstoffe verwendet. Deswegen kann es die klügere Wahl sein, eine möglichst neutrale Farbe zu wählen. Falls Sie im Yoga-Studio praktizieren möchten und Ihre Matte regelmäßig dorthin transportieren wollen, benötigen Sie einen Tragegurt.

Häufig ist schon einer beim Kauf Ihrer Matte beigelegt, doch häufig halten diese sich nicht lange oder sind unkomfortabel. Sie können sich den Gurt beispielsweise ganz simpel im Sportwarenladen kaufen oder im Online-Versandhandel bestellen. Es ist aber auch nicht schwer, sich selbst einen zu nähen. Auf Plattformen wie „pinterest" finden Sie die Anleitung und Inspirationen, die Sie dafür benötigen. Übrigens lassen sich dort auch generell viele Beiträge zu Yoga und Yin Yoga finden.

Beim Halten bestimmter Übungen können Ihnen auch Yogablöcke behilflich sein. Sie sind besonders für das Praktizieren von Yin Yoga geeignet, da die Körperfiguren recht lange gehalten werden müssen und Ihnen der Körper irgendwann zu schwer werden könnte. Dann ist es eine riesige Erleichterung, sich irgendwo abstützen zu können. Sie können aber auch bei Übungen eingesetzt werden, bei denen Sie noch nicht ganz auf dem Boden ankommen. Die Klötze, die häufig wie Ziegelsteine aussehen, bestehen aus Kork oder Schaumstoff und haben abgerundete Ecken.

Sie können auch als eine Art Armverlängerung dienen, um die Hände aufzustützen und sich dadurch besser aufrichten zu können. Auch beim Öffnen des Körpers (zum Beispiel in der Herzregion) kann ein Block behilflich sein, indem Sie mithilfe eines Klotzes Ihre Schultern auseinander dehnen. Ebenso kann ein Yoga-Block beim Aufbau von Muskulatur behilflich sein. Dazu können Sie beispielsweise den Klotz bei entsprechenden Übungen zwischen Ihre Beine bringen. Übungen, bei denen Sie den Klotz als Stütze nutzen können, sind beispielsweise die „Brücke", bei der Sie ihn einfach in aufgestellter Position unter Ihr Kreuzbein aufstellen können und die „halbe Kerze". Bei dieser Figur können Sie Ihren Block ebenfalls in waagerechter oder senkrechter Position unter Ihr Gesäß legen. Yogaklötze können aber auch ganz einfach beim Sitzen benutzt werden. Das eignet sich ganz besonders für Anfänger, deren Hüften sich noch nicht ganz so weit öffnen lassen. Der Block sorgt dafür, dass Ihr Sitz sowohl im Fersensitz als auch im Schneidersitz in eine erhöhte Position kommt, was Ihnen die Haltung erleichtert. Falls Sie anfangs noch keine Blöcke zur Hand haben, können Sie auch dicke Bücher benutzen. Mit der Zeit empfiehlt es sich aber, in Blöcke zu investieren, die schon ab wenigen Euros erhältlich sind.

Auch ein Yogakissen oder Meditationskissen kann Ihnen in Ihrem Sitz helfen. Ein richtiger Sitz ist insbesondere für die Meditation, die einen wichtigen Bestandteil des Yogas bildet, relevant. Ein bequemer Sitz wird Ihnen dabei helfen, sich ausschließlich auf Ihre Atmung zu konzentrieren und die negativen Gedanken von Ihnen abzuwenden. Selbstverständlich können Sie auch ein stinknormales Sofakissen benutzen, doch diese sind auf Dauer nicht wirklich für das lange Verharren in Yoga- und Meditationsposen geeignet und sollten nur als Übergangslösung dienen. Die haltgebenden Kissen gibt es in verschiedenen Formaten – hoch oder flach, in Halbmondform oder rund.

Sie sorgen für eine aufrechte Körperhaltung und somit auch dafür, dass Ihr Atem besser durch den Körper fließt und Ihr Rücken entlastet wird. Zusätzlich fördert ein Meditationskissen auch Ihre Durchblutung – und zwar dadurch, dass Ihr Blut durch die erhöhte Beckenposition besser in Ihre Beine fließen kann. Außerdem schont das Kissen Ihre Gelenke und verhindert, dass Ihre Muskulatur verkrampft. Es gibt auch längliche Yoga- oder Meditationskissen. Diese werden als „Bolster bezeichnet und kommen besonders bei Yogastilen zum Einsatz, die eher passiv ausgerichtet sind. Somit eignen sie sich perfekt für Ihre Yin Yoga-Praxis! Sie werden besonders bei Übungen in Rückenlage genutzt. Einsteiger werden durch das Yoga Bolster vor Verletzungen geschützt, die durch Überlastungen entstehen können. Auch die Bolster sind, wie die herkömmlichen Yogakissen, in verschiedenen Formen und Farben erhältlich. Yogamatten, -kissen und -blöcke lassen sich übrigens auch oft in Sets erwerben. Zur Unterstützung oder bei der Nutzung fremder Matten können Sie auch gerne ein Handtuch als Unterlage verwenden.

Sicherlich haben Sie sich bereits gefragt, welche Kleidung sich am besten für (Yin) Yoga eignet. Mit weiter, bequemer Kleidung können Sie nichts falsch machen. Verzichten Sie möglichst auf enge Sport-kleidung. Diese würde Sie nur in Ihren Dehnungen blockieren. Allzu locker sollte die Kleidung aller-dings auch nicht sitzen, weil sie Ihnen sonst bei den Übungen runterrutschen könnte und Ihren gedank-lichen Fokus gleich mitverrücken könnte. Hosen- und Armbund sollten gut sitzen. Achten Sie bei Ih-rem Sportoutfit ebenfalls auf ein atmungsaktives Material, falls Sie mal ins Schwitzen geraten sollten. Sie können übrigens auch bei der Kleidung auf Nach-haltigkeit achten. Die Ausbeutung von Natur und Mensch widerspricht der Natur des Yogas und Sie können Sport betreiben, ohne dass Sie ein schlechtes Gewissen bekommen. Übrigens brauchen Sie sich keine Sorgen um Ihr Schuhwerk zu machen, da Yoga in der Regel barfuß praktiziert wird. Sie können sich aber gerne Socken neben Ihre Matte legen, falls Ihnen zwischendurch kalt wird. Genauso gut können

Sie das auch mit einer Jacke zum Überziehen machen. Falls Sie am Ende noch eine Meditation einbauen wollen, können Sie beim Liegen schnell mal ins Frösteln geraten. Folgende Online-Shops bieten nachhaltig und fair produzierte Yogakleidung an: Pitaya Yoga, Armed Angels, Kamah Yoga and Style, OGNX und Spitit of Om sind nur einige davon.

Die richtige Wohlfühl-Umgebung ist ebenfalls wichtig für Ihre alltägliche Yogapraxis. Suchen Sie sich einen schönen Raum in Ihrer Wohnung, in dem Sie abschalten können. Idealerweise sollte dies, je nach Möglichkeiten und Kapazitäten, kein Raum sein, in dem Sie Ihre (Büro-) Arbeiten verrichten. Sie sollten sich ein Plätzchen suchen, an dem Sie sich wohlfühlen und mindestens 2,5 mal 3,5 Meter Platz haben. Sorgen Sie für angenehmes Tageslicht. Falls mehrere Personen in Ihrem Haushalt leben, bietet es sich an, für eine vollkommene Ungestörtheit den Raum abschließen zu können. Wichtig ist, dass kein Lärm von draußen durchringt und das Zimmer gut durchlüftet ist. Vielleicht bietet sich ja für die warmen Tage ein Balkon oder sogar ein Garten oder Park in der Nähe an? Und auch sonst ist es nicht verkehrt, sich einen kleinen Ausblick in die Natur durch ein Fenster zu verschaffen. Wenn Sie Lust haben, können Sie Ihren Übungsraum streichen. Neu gedeckte, natürliche Farben sorgen für Harmonie und Erdung. Falls Sie die Übungen mithilfe von Onlinevideos praktizieren wollen, benötigen Sie am besten einen Laptop oder einen Fernseher. Ihr Gerät sollte so platziert werden, dass Sie aus jeglichen Perspektiven draufschauen können. Selbstverständlich können Sie auch Ihr Smartphone benutzen. Dies erweist sich aber aufgrund des kleinen Bildschirms als umständlich. Falls Sie Musik laufen lassen möchten, können Sie sich noch Lautsprecher im Raum aufstellen.

Wie Sie bereits wissen, ist Tageslicht eine gute Lichtquelle für Ihre tägliche Yin Yoga-Praxis. Falls Sie aber am Abend trainieren sollten oder der Raum nicht hell genug ist, können Sie auch mit Kerzen für Licht sorgen. Um eine entsprechende Atmosphäre zu schaffen, können Sie auch eine oder mehrere Duftkerzen anzünden. Die verschiedenen Düfte haben unterschiedliche Wirkungen. Manche Gerüche können glückliche Erinnerungen in uns auslösen. Winteraromen lösen bei den meisten von uns ein Gefühl von Wärme und Geborgenheit aus.

Dazu gehören Zimt, Rosenholz, Anis, Orange und Mandarine. Baldrian sorgt gegen Unruhe und Nervosität und für einen besseren Schlaf. Für eine vertiefte und verbesserte Atmung sorgt der Duft von Eukalyptus. Fichtennadel wirkt gegen Stress und Nervosität, genauso wie Patchouli. Wenn Sie sich niedergeschlagen fühlen, sorgt der Duft von Vanille dafür, dass Sie wieder bessere Laune bekommen. Die Düfte lassen sich auch als Aroma-Öl oder in Form von Räucherstäbchen verwenden. Hierfür wird oft Sandelholz als Material verwenden. Sandelholz ist aus dem Aryuveda, der Traditionellen Indischen Medizin, bekannt und wird oft Gottheiten als Gabe angeboten. Der Duft wirkt unter anderem aphrodisierend, wärmend und reinigend, stimmungsfördernd sowie nervenberuhigend.

Gerne können Sie sich Ihren Raum auch entsprechend dekorieren. Für den Yoga-Stil eignen sich beispielsweise Buddhas und Lotusblüten als Gemälde und Figuren. Buddha, der buddhistische Mönch, der zu seiner Erleuchtung gelangt ist, gilt als Symbol für Klarheit und erfüllt Ihren Raum mit Glückseligkeit. Die Figur gilt außerdem als symbolischer Ausdruck Ihrer Spiritualität und strahlt

Leichtigkeit und Gelassenheit aus. Lotusblüten stehen im Buddhismus für Liebe, Treue, Schöpferkraft und Reinheit, werden aber auch in Verbindung zu Leben und Wiedergeburt gebracht.

Die Verknüpfung zu Reinheit und Wiedergeburt besteht darin, dass die Blüten der Lotuspflanze selbst in schlammigen Gewässern aufgrund ihrer Noppenstruktur niemals schmutzig werden und jeden Morgen wieder neu aufblühen, nachdem sie sich nachts unter der Wasseroberfläche versteckt haben. Im Yoga steht die Lotusblüte für die Erleuchtung und das „dritte Auge". Beim dritten Auge handelt es sich um eines der Chakren, also Energiezentren, des Körpers. Dieser liegt im Bereich zwischen den Augenbrauen. Dieser unsichtbare Bereich steht laut Lehren des Yogas für Erkenntnis und Weisheit. Auch die Meditation steht im starken Bezug zur Lotusblüte, denn die angestrebte Erleuchtung wird ebenso symbolisch mit der Lotusblüte in Verbindung gebracht.

Sie können sich auch Ihren persönlichen Altar als Ausdruck Ihrer Spiritualität und Leidenschaft für Yoga bauen. Der Altar kann übrigens auch als ein guter Motivator dienen, der Sie an Ihre tägliche Einheit erinnert. Der Altar verleitet Sie aber auch dazu,

einen Moment innezuhalten und Dankbarkeit auszu-
üben, um Ihnen so zu zeigen, worauf es im Alltag
wirklich ankommt und was in Ihrem Leben wichtig
ist. Idealerweise steht der Altar in einer hellen Ecke
des Raumes, in dem Sie auch Ihr Home-Yoga ausführen. Der Altar wird auf dem Boden aufgebaut, kann
aber auch auf einem Regal oder einem Fensterbrett
ausgerichtet werden. Um den Altar vom Rest des
Raumes abzuheben, kann die dahinterliegende
Wand anders als der Rest des Zimmers gestrichen
werden.

Alternativ kann auch ein Tuch dahinter aufge-
hängt oder über den Tisch geworfen werden. Auch
ein Holz- oder Metalltablett kann als Altar-Grund-
lage dienen. Nun geht es darum, auszuwählen, was
Sie auf dem Altar platzieren möchten. Klassischer-
weise werden Bilder von Yoga-Gurus und -Lehrern
aufgestellt. Auch hinduistische Götterstatuen (zum
Beispiel von Ganesha oder Shiva) finden in vielen
Haushalten ihren Platz darauf, genauso wie frische
Blumen, Steine, Bilder, Räucherstäbchen und Kerzen. In traditionellen Räumen werden gerne Schüs-
seln mit Reis, Milch oder Süßigkeiten auf dem Altar
angerichtet. Die dargebrachten Opfer sollen

Dankbarkeit symbolisieren. Gerne können Sie Ihrem Altar auch eine persönliche Note verleihen, indem Sie Dinge platzieren, die für Sie einen besonderen Erinnerungswert besitzen. Dazu gehören beispielsweise Fotos von Freunden und Familie, Schmuck, Muscheln, Sand und Steine von besonderen Orten. Auch ein inspirierender Brief oder Zeitungsausschnitt kann auf Ihrem Altar Platz finden. Wichtig ist, sich ein Stück Raum zu schaffen, der bereits für Ihre Yoga-Stunde zeremoniell angerichtet ist und an dem Sie auch zwischendurch innehalten können, um Ihre Ruhe wiederzufinden und neue Kraft tanken können.

10 ÜBUNGEN

Sie haben bis hierhin erfahren, wobei es sich genau um Yin Yoga handelt und wofür die intensiven, lang angehaltenen Übungen gut sind. Dazu haben Sie etwas über den geschichtlichen Hintergrund und über die positiven, gesundheitlichen Auswirkungen gelernt. Außerdem wurden Ihnen Tipps mitgeteilt, wie Sie Ihre eigene, persönliche Routine entwickeln können und sich in schwierigen Zeiten motivieren können, Ihr Programm durchzuziehen. Inzwischen wissen Sie auch, was es für Yoga-Zubehör gibt und worauf Sie insbesondere beim Kauf einer Yoga-Matte achten müssen. Außerdem besitzen Sie nun die notwendigen Basics, um sich Ihren persönlichen Altar einzurichten. In diesem Abschnitt möchte ich Ihnen einige Übungen vorstellen, die Sie in Ihre Yin Yoga-Routine integrieren können.

1. Die Raupe

Setzen Sie sich für diese Übung mit ausgestreckten Beinen auf die Matte. Wenn Sie sich ausgerichtet haben, nehmen Sie Ihre Arme nach oben und lassen sie anschließend nach vorne gestreckt über Ihre Beine sinken. Die Hände können neben den Beinen abgelegt werden. Richten Sie die Handflächen nach oben aus und lassen Sie Ihre Schultern sinken. Halten Sie diese Position nun für drei Minuten. Währenddessen können Sie langsam durch die Nase ein- und durch den Mund ausatmen. Alternativ können Sie bei dieser Übung auch die Arme unter den Knien verschränken oder Sie legen sich eine eingerollte Decke unter Ihre Knie. Falls Sie ein Bolster besitzen, können Sie sich dieses auch zwischen Ihre Beine klemmen und Ihren Oberkörper mit der Stirn voran darauf ablegen. Nach der Übung können Sie sich als Ausgleich aufrecht hinsetzen, mit aufgestützten Händen hinter dem Rücken. Ihre Knie können Sie dann anwinkeln und diese gleichmäßig von links nach rechts wie Scheibenwischer pendeln lassen.

2. Der Drache

Der Name dieser Übung wird Ihnen sicherlich bekannt vorkommen, denn sie wurde bereits im ersten Kapitel angesprochen. Für diese Übung kommen Sie zunächst in den Vier-Füßler-Stand. Sobald Sie festen Halt gefunden haben, stellen Sie Ihren rechten Fuß zwischen Ihren Händen auf. Das linke, hintere Knie wandert währenddessen etwas weiter nach hinten. Gerne können Sie sich auch für diese Übung zur

Unterstützung etwas unter das linke Knie legen. Achten Sie darauf, das Gewicht nicht auf die Kniescheibe zu verlagern, sondern wandern Sie so weit nach hinten, bis Sie hinter der Kniescheibe aufliegen können. Wenn Sie so weit sind, können Sie Ihr Becken im langsamen Tempo nach unten sinken lassen. Die Hände bleiben dabei ausgestreckt am Boden, Sie können sie aber auch zur Unterstützung auf die Oberschenkel legen.

Die Atmung wird auf die linke Leiste ausgerichtet. Versuchen Sie, den Kopf möglichst gerade zu halten und atmen Sie wieder in dieser Position drei Minuten tief ein und aus. Achten Sie bei dieser Übung darauf, dass Ihr Knie nicht schmerzt. Sie können sich auch eine Decke unter Ihr Knie legen oder Ihre Matte falten, um einen weicheren Untergrund zu haben. Falls Ihnen das Halten der Asana mit der Zeit zu anstrengend wird, können Sie auch gerne Ihre Hände zu Fäusten ballen und sich so darauf abstützen. Am Ende der Übung können Sie als Ausgleich die Kindshaltung einnehmen. Diese wurde ebenfalls im ersten Kapitel bereits ausführlich erklärt, zur Erinnerung wird sie aber hier auch noch einmal kurz aufgefasst. Für die Kindshaltung stellen Sie die Knie mit etwas

Abstand auf, bevor Sie Ihr Gesäß in Richtung Ihrer Fersen sinken lassen. Legen Sie dann den Oberkörper ab und lassen Sie Ihre Arme, je nachdem, was sich für Sie besser anfühlt, entweder nach vorne oder hinten fallen. Anschließend starten Sie die Übung wieder neu, nur diesmal mit dem anderen Bein.

3. Die Sphinx

Falls Sie unter einem Bandscheibenvorfall leiden oder schwanger sind, sollten Sie diese Übung nur sehr vorsichtig ausführen. Für den Fall, dass starke Schmerzen im unteren Rücken auftreten, sollten Sie sofort aus der Haltung herauskommen. Für die Sphinx legen Sie sich zuerst auf den Bauch. Stellen Sie dann Ihre Unterarme im rechten Winkel vor Ihrem Körper auf und strecken Sie Ihre Beine und Ihren Fußrücken ganz langgezogen nach hinten aus. Versuchen Sie dabei, die Gesäßmuskeln und die Oberschenkelmuskulatur lockerzulassen. Wenn Ihnen die Übung zu anstrengend wird, können Sie auch jederzeit den unteren Rücken entlasten, indem Sie Ihre Zehen aufstellen. Der Kopf wird bei der Übung gerade gehalten. Falls er Ihnen doch zu schwer wird mit der Zeit, können Sie Ihr Kinn auf der

Brust ablegen. Die Position der Sphinx sollte nicht länger als drei Minuten gehalten werden. Lassen Sie sich am Ende der Übung langsam auf den Boden sinken. Um Ihre Muskeln zu lockern, können Sie Ihre Beine gerne langsam von links nach rechts bewegen. Sie können Ihre Beine dazu auch in einen angewinkelten Zustand ziehen. Die Übung Sphinx kann auch vereinfacht werden, indem Sie sich ein Bolster unter Ihre Rippen auflegen. Falls Sie es hingegen etwas schwieriger haben möchten, können Sie die Arme etwas weiter nach vorne ausstrecken. Als Ausgleich nach der Übung empfiehlt es sich, für eine Weile wieder die Kindshaltung einzunehmen.

4. Der Schwan

Für die Ausgangsposition des Schwans begeben Sie sich zunächst in den Vier-Füßler-Stand. Anschließend stellen Sie den rechten Fuß nach vorne und bewegen ihn vorsichtig nach links. Legen Sie anschließend Ihren rechten Oberschenkel sowie Ihr rechtes Knie auf dem Boden ab. Das Knie müsste nun entgegen der Hüfte ausgerichtet sein und der Fußrücken liegt am Boden. Nun wandert Ihr linkes Bein nach hinten und wird dort ausgestreckt. Auch hier sollte Ihr Fußrücken auf dem Boden liegen, wenn es möglich ist. Passen Sie auf Ihre Knie auf und drücken Sie das vordere Bein etwas an Ihr Schambein. Nun können Sie Ihren Oberkörper langziehen und sich auf Ihre Unterarme abstützen. Wenn Sie so weit sind, können Sie Ihre Arme gerne auch weiter ausstrecken und Ihren Oberkörper komplett ablegen. Halten Sie die Position für mindestens drei Minuten.

Kommen Sie dann wieder vorsichtig hoch, indem Sie sich erst auf Ihre Arme stützen, bevor Sie sich mit Ihren Händen hochdrücken. Für eine stärkere Rückenbeuge können Sie sich während der Übung auch gerne ein Bolster unter Ihren Oberkörper legen. Falls Ihr Becken in einem großen Ungleichgewicht liegt, schieben Sie sich das Bolster, eine Decke oder einen Block unter Ihre rechte Hälfte Ihres Gesäßes. Und falls sich Ihr Knie unangenehm anfühlen sollte, können Sie auch jederzeit den Winkel Ihres Knies verändern. Nach der Übung kommen Sie als Ausgleich in die Haltungen der Katze und der Kuh. Dazu begeben Sie sich im Vier-Füßler-Stand auf Ihre Matte und machen Ihren Rücken rund in Richtung Decke zum Katzenbuckel. Ihr Kinn zeigt dabei zur Brust. Beim nächsten Einatmen senken Sie Ihren Bauch in Richtung Boden und ziehen Ihre

Schulterblätter nach hinten. Zeitgleich wird der Kopf gehoben, sodass Ihr Blick nach vorne gerichtet wird. Nun können Sie einige Male zwischen der Kuh- und Katzenstellung hin und her wechseln. Führen Sie eine erneute Runde des Schwanes durch und wechseln Sie dabei Ihr Bein.

5. Der Schmetterling

Für den Schmetterling setzen Sie sich aufrecht mit ausgestreckten Beinen hin. Nun bewegen Sie Ihre Fußsohlen vor Ihrem Körper aufeinander zu, soweit es Ihnen möglich ist. Richten Sie Ihr Sitzfleisch auf, bis Sie Ihre eigene, angenehme Sitzposition gefunden haben. Mithilfe Ihrer Hände können Sie sich jetzt noch einmal komplett aufrichten, bevor Sie mit den Händen vorwandern und Ihren Oberkörper sinken lassen. Der Rücken wird rund und der Kopf kann ebenfalls abgesenkt werden. Diese Übung wird drei Minuten lang gehalten. Falls sich allerdings der untere Rücken oder die Knie melden, können Sie auch schon vorher aus der Position raus. Mithilfe Ihrer Hände können Sie sich aufrichten. Bei Problemen in den Gelenken können Sie sich auch bei dieser Übung wieder ein Yoga-Bolster oder einen -Block zur Hilfe nehmen. Bei Problemen mit dem Nacken beispielsweise legen Sie sich etwas unter Ihre Stirn. Als Ausgleich nach der Asana können Sie wieder die Übung machen, für die Sie sich hinsetzen und Ihre Beine übereinander angewinkelt wie Scheibenwischer von links nach rechts fallen lassen.

6. Das Reh

Setzen Sie sich für das Reh mit ausgestreckten Beinen auf die Matte und lassen Sie Ihre Knie nach rechts sinken. Nun verschieben Sie Ihre Beine so, dass das rechte Schienbein in paralleler Lage zum vorderen Mattenrand aufliegt, während Sie das linke Bein nach hinten anwinkeln. Lassen Sie jetzt Ihre Wirbelsäule lang werden und drehen Sie sich nach rechts. Ihre linke Hand platzieren Sie an Ihrem rechten Knie, während die rechte Hand locker nach hinten ausgestreckt wird. Ohne Druck atmen Sie sich nun immer weiter in die Dehnung hinein. Um in Ihrer aufrechten, langen Körperhaltung zu bleiben, bleibt das Kinn über Ihrem Brustbein. Auch diese Übung wird drei Minuten lang gehalten. Bevor Sie nun die Seite wechseln, können Sie wieder als Gegenbewegung Ihre angewinkelten Knie im bekannten „Scheibenwischer" von links nach rechts fallen lassen.

7. Das Nadelöhr

Legen Sie sich für das Nadelöhr auf Ihren Rücken und stellen Sie Ihre Füße auf. Wir beginnen mit der rechten Seite, indem Sie den rechten Fußknöchel auf Ihr linkes Knie legen. Nun greifen Sie mit beiden Händen hinter Ihren linken Oberschenkel und ziehen diesen zu sich heran. Die Übung heißt „Nadelöhr", weil die rechte Hand dafür wie durch ein Nadelöhr durch die beiden Schenkel durchgreifen muss. Mit dem rechten Arm steuern Sie nun Ihre Dehnung. Wenn Sie sich zum Beispiel eine intensivere Dehnung in Ihrer Hüfte wünschen, können Sie mit dem rechten Arm verstärkt gegen Ihre Knie oder Ihren Oberschenkel drücken.

Sie können aber auch Ihr Schienbein mithilfe beider Arme umfassen und weiter zu Ihrer Brust heranziehen. Wie bei den Übungen zuvor wird auch hier drei Minuten lang kräftig ein- und ausgeatmet. Nach der Übung können Sie als Ausgleich Ihre Beine in Rückenlage mattenweit ausstrecken, bevor Sie Ihre Knie einige Male aufeinander zukommen lassen. Wechseln Sie anschließend das Bein und beginnen Sie mit der Übung von vorne.

8. Der Halbmond

Für den entlastenden Halbmond bleiben Sie in Rückenlage. Strecken Sie beide Arme weit nach hinten aus. Dann werden die Beine aneinandergelegt und nach links aufgesetzt. Danach wandern auch der ausgestreckte Oberkörper sowie die Arme ein wenig in die Richtung. Um etwas mehr in die Dehnung zu kommen, umfassen Sie Ihr rechtes Handgelenk mit der linken Hand. Sie können auch den linken auf Ihren rechten Fuß oder den rechten auf den linken Fuß legen, um eine veränderte Dehnung zu spüren. Nachdem die drei Minuten vorüber sind, wechseln Sie die Seiten. Bei der Übung kann es übrigens vorkommen, dass Ihre Arme stark zu kribbeln anfangen. Falls dies eintritt, können Sie sich ein wenig aus der Übung herausbewegen oder sich etwas unterlegen.

9. Der Herzöffner

Kommen Sie zuerst in den Vier-Füßler-Stand. Falls Ihre Knie bereits durch die ganzen Übungen empfindlicher geworden sind, können Sie sich auch gerne eine Decke unterlegen. Wandern Sie jetzt langsam mit Ihren Händen nach vorne. Hören Sie auf, wenn Ihre Stirn den Boden berührt. Halten Sie das Gesäß nach oben gestreckt und richten Sie Ihr

Brustbein nach unten aus. Halten Sie diese herzöff-
nende Asana nun drei Minuten lang. Für den Fall,
dass Ihre Finger anfangen zu kribbeln, können Sie
die Arme weiter auseinandernehmen. Als Unterstützung können Sie auch gerne wieder einen Bolster o-
der einen Block verwenden, der unter Ihren Rippen
platziert wird. Nehmen Sie als Gegenposition wieder
die Kindshaltung ein.

10. Savasana, die Entspannungslage
Nun kommen wir zu Ihrer persönlichen Entspannung. Dafür müssen Sie nichts weiter tun, als sich auf
den Rücken zu legen. Die Füße lassen Sie hüftbreit
auseinanderfallen und Ihre Arme ruhen neben dem
Körper. Die Handflächen zeigen dabei nach oben, Sie
können Ihre Hände auch auf den Bauch legen, um Ihren Atem besser kontrollieren zu können. Falls
Ihnen das flache Liegen auf dem Rücken Probleme
bereiten sollte, legen Sie sich eine gerollte Decke o-
der ein Bolster unter Ihre Kniekehlen, um Ihren unteren Rücken zu entlasten. Wenn Sie angenehm liegen, können Sie Ihren Atem frei fließen lassen. Dabei
stellen Sie sich vor, wie Sie bei jeder Ausatmung immer weiter in den Boden sinken. Achten Sie auch darauf, dass Ihr Gesicht und Ihre Kiefer entspannt

bleiben. Verharren Sie so lange in der Position, wie Sie es benötigen. Kommen Sie anschließend behutsam in den Schneidersitz, legen Sie Ihre Hände über den Kopf zusammen und führen Sie diese langsam vor das Herz. Bedanken Sie sich bei Ihnen selbst, dass Sie sich und Ihrem Körper heute etwas Gutes getan haben.

Zusätzlich zur Savasana können Sie auch eine kleine, gedankliche Reise machen. Dazu schließen Sie die Augen und stellen sich vor, wie Ihr Körper immer schwerer wird. Angefangen bei Ihren Füßen, deren Zehen beginnen, sich zu entspannen. Dann spüren Sie, wie auch Ihre Fußsohle bis hin zum Fußgelenk immer tiefer zu Boden sinkt. In den Füßen sitzen ungefähr 75.000 Nervenenden, weswegen es ein besonders schönes Gefühl ist, wenn Sie diese entspannen. Spüren Sie nun Ihre Unterschenkel. Auch diese entspannen sich umgehend und werden immer schwerer. Sie können sich auch vorstellen, wie ein warmes Licht an den entsprechenden Stellen durch Ihren Körper fließt. Dieses wandert nun weiter über Ihre Kniekehlen in Ihre Oberschenkel. Vielleicht verspüren Sie hier auch ein kleines Kribbeln. Genießen Sie dieses Gefühl. Nun ist Ihr Gesäß dran.

Weich sinkt es immer tiefer in die Matte. Über das Kreuzbein wandern Sie gedanklich in Ihren unteren Rücken und über Ihre Hände, den Arm hinauf. Auch der obere Rücken wird schwerer. Nun sind Sie beim Nacken angelangt, vielleicht entfährt Ihnen jetzt auch ein kleiner, wohliger Schauer. Wandern Sie gedanklich weiter zu Ihrem Kopf. Auch dieser wird immer schwerer.

Nun sind Sie ganz oben angelangt und sind von Fuß bis Kopf entspannt. Stellen Sie sich nun vor, wie Ihr ganzer Körper leuchtet. Versetzen Sie sich nun gedanklich an einen warmen, schönen Ort. Dies kann Ihr Garten sein, aber auch ein weit entfernter Strand, wo Sie jetzt gerade gerne wären. Laufen Sie eine Weile durch die Gegend und spüren Sie den Untergrund. Wie fühlt er sich an? Nehmen Sie bewusst das weiche Gras oder den weichen Sand unter Ihren Füßen wahr. Wenn Sie ein Stück gelaufen sind, setzen Sie sich im Schneidersitz hin und lauschen in die Stille. Doch ist es wirklich so ruhig? Wenn Sie gut zuhören, nehmen Sie Vogelgezwitscher oder das Rauschen der Wellen wahr. Genießen Sie die Geräusche, die wie Musik in Ihren Ohren klingt. Öffnen Sie jetzt – gedanklich – Ihre Augen und schauen sich um.

Was können Sie entdecken? Sind Menschen um Sie herum oder sind Sie für sich ganz allein? Sind bestimmte Personen bei Ihnen? Was für eine Landschaft können Sie erkennen? Gibt es dort, wo Sie sich befinden, Tiere und Pflanzen? Wenn Sie sich sattgesehen haben, stehen Sie langsam wieder auf und setzen Ihre Reise fort. Atmen Sie tief ein und aus und erkunden Sie die Umgebung mit all Ihren Sinnen immer weiter. Auf Ihrem Weg kommen Sie nun an einem schattigen Plätzchen vorbei. Stellen Sie sich vor, wie Sie sich im Schatten zur Ruhe setzen und auf einer Decke einen kleinen Picknick-Korb entdecken, der nur für Sie gedeckt ist.

Setzen Sie sich auf die Decke und fangen Sie an, sich den Inhalt des Korbes anzuschauen. Was können Sie finden? Nehmen Sie die schönen Düfte wahr, die aus dem Korb strömen – Erdbeeren, Käse, frisch gepresster Orangensaft, belegte Brötchen, Kaffee und alles, was sonst noch so Ihr Herz in diesem Moment begehrt. Fangen Sie an, den Inhalt auszupacken und auf einen Teller und Becher zu verteilen. Schieben Sie sich nun ein Stück von Ihrem Lieblings-Lebensmittel in den Mund. Was schmecken Sie? Genießen Sie Ihre Mahlzeit und gießen Sie sich etwas zum Trinken ein. Bemerken Sie dabei, wie es Ihnen immer besser geht und wie Ihr Herz mit immer mehr Freude erfüllt wird.

Das ist Ihr Tag! Legen Sie sich nun, wenn Sie aufgegessen haben, wieder in die Sonne. Spüren Sie, wie Sie aufgewärmt werden und tragen Sie dieses Gefühl auch in Ihr Inneres. Lassen Sie zu, dass das warme, wohlige Gefühl Ihren ganzen Körper durchflutet und lassen Sie sich von dem Licht wie auf einer Welle tragen. Merken Sie nun, wie Sie dieses Leuchten nun auch nach außen dringt und Ihre Umgebung noch heller erstrahlen lässt. Das Strahlen weitet sich immer mehr aus; erst in Ihrer Umgebung, dann in den gesamten Ort hinaus, über die Stadt, das Land, schließlich über die ganze Welt. Spüren Sie, wie das Licht die Erde erstrahlen lässt und überall für Ruhe und Frieden sorgt. Saugen Sie dieses schöne Gefühl ganz tief in sich hinein und versuchen Sie, sich Ihren derzeitigen Zustand tief und fest einzuprägen. Nehmen Sie noch einige tiefe Atemzüge. Spüren Sie die kitzelnden Strahlen Ihrer persönlichen, inneren Sonne noch einmal ganz intensiv. So positiv aufgeladen können Sie langsam anfangen, Ihren entspannten Körper wieder zu rühren. Beginnen Sie, Ihre

Füße langsam hin und her zu bewegen, dann Ihre Beine und Arme.

Bewegen Sie Ihren Kopf von links nach rechts. Richten Sie sich vorsichtig, noch mit geschlossenen Augen, auf und begeben Sie sich in den Schneidersitz. Ihre Hände ruhen auf den Knien. Nun können Sie Ihre Augen ganz langsam öffnen. Schenken Sie sich zum Abschluss ein Lächeln und setzen Sie Ihren Tag mit schönen, positiv erfüllten Gedanken fort. Mit dieser Entspannungsübung haben Sie sich einen Moment der intensiven Wahrnehmung und Achtsamkeit geschenkt und wurden mit einem tiefen Gefühl der Selbstliebe erfüllt.

Herstellung und Verlag:

BoD – Books on Demand, Norderstedt

ISBN: 9783751931755

© Flora Sonnenberg 2020

1. Auflage

Kontakt: Psiana eCom UG/ Berumer Str. 44/ 26844 Jemgum

Covergestaltung: Fenna Larsson

Coverfoto: depositphotos.com